BEI GRIN MACHT SICH IHR
WISSEN BEZAHLT

- Wir veröffentlichen Ihre Hausarbeit,
  Bachelor- und Masterarbeit

- Ihr eigenes eBook und Buch -
  weltweit in allen wichtigen Shops

- Verdienen Sie an jedem Verkauf

Jetzt bei www.GRIN.com hochladen
und kostenlos publizieren

Marek Borgstedt

Wissensmanagement und Web 2.0. Potenziale, Hindernisse, Beispiele

Weblogs und Wikipedia

GRIN Verlag

Bibliografische Information der Deutschen Nationalbibliothek:

Die Deutsche Bibliothek verzeichnet diese Publikation in der Deutschen National-bibliografie; detaillierte bibliografische Daten sind im Internet über http://dnb.d-nb.de/ abrufbar.

Impressum:

Copyright © 2007 GRIN Verlag GmbH
Druck und Bindung: Books on Demand GmbH, Norderstedt Germany
ISBN: 978-3-638-85519-8

Dieses Buch bei GRIN:

http://www.grin.com/de/e-book/78821/wissensmanagement-und-web-2-0-potenziale-hindernisse-beispiele

GRIN - Your knowledge has value

Der GRIN Verlag publiziert seit 1998 wissenschaftliche Arbeiten von Studenten, Hochschullehrern und anderen Akademikern als eBook und gedrucktes Buch. Die Verlagswebsite www.grin.com ist die ideale Plattform zur Veröffentlichung von Hausarbeiten, Abschlussarbeiten, wissenschaftlichen Aufsätzen, Dissertationen und Fachbüchern.

Besuchen Sie uns im Internet:

http://www.grin.com/

http://www.facebook.com/grincom

http://www.twitter.com/grin_com

MBA Manufacturing Management
Modul: E-Business

Seminararbeit

Wissensmanagement und Web 2.0

\-

Potentiale, Hindernisse, Beispiele

von

Marek Borgstedt

Changsha (China), Mai 2007

Marek Borgstedt
Universität Lüneburg
Fakultät:
Umwelt und Technik

Inhaltsverzeichnis

Abkürzungsverzeichnis

Abb. = Abbildung

ebd. = ebenda

ca. = cirka

Dt. = Deutsch

Fa. = Firma

ff. = fort folgend

GmbH = Gesellschaft mit beschränkter Haftung

HTML = Hypertext Markup Language

insb. = insbesondere

Kap. = Kapitel

KNW = Kompetenznetzwerk

Mio. = Millionen

s. = siehe

S. = Seite

sog. = so genannten

usw. = und so weiter

URI = Uniform Resource Identifier

vs. = versus

WM = Wissensmanagement

z.B. = zum Beispiel

Abbildungsverzeichnis

Zielsetzung der Arbeit

Durch die steigende Komplexität in betrieblichen Prozessabläufen und Problemlösungen, wird das Thema Wissensmanagement immer wichtiger. Vor allem Unternehmen und Organisation, die den Anforderungen des Marktes und ihrer Kunden gerecht werden wollen, müssen schnelle und effektive Problemlösungen und Problemlösungswege anbieten. Insbesondere in wissensintensiven Bereichen ist daher ein organisiertes Wissensmanagement erforderlich.[1]

Die vorliegende Seminararbeit soll einen Einblick in das Thema Wissensmanagement in Verbindung mit der Informationstechnologie (insb. Web 2.0) geben.

Zunächst werden in Kapitel 1 die Grundlagen zu Wissensmanagement und Web 2.0 erläutert. Kapitel 2 beschreibt Beispiele aus der Praxis, wo Wissensmanagement in Verbindung mit Web 2.0 eingesetzt wird. Hierbei liegt der Fokus auf bereits etablierte Wissensmanagement-Systeme, die allgemein über das World Wide Web angeboten werden. In Kapitel 3 werden Perspektiven und Möglichkeiten beschrieben, die die Technologie Web 2.0 für das Wissensmanagement bietet. Abgeschlossen wird die Seminararbeit mit einem Fazit und einer Zusammenfassung in Kapitel 4.

Der Umfang dieser Seminararbeit vermittelt lediglich einen Einblick in das Thema Wissensmanagement in Verbindungen mit Web 2.0. Die Komplexität von Wissensmanagement und Web 2.0 ist zu umfangreich um angemessen in dieser Kürze Wiederzugeben.

---

[1] Vgl. Gronau (2003), S. 5 ff.

1. Grundlagen

1.1 Einführung in das Thema „Wissensmanagement"

1.1.1 Begriffsdefinition von Wissen

Der Begriff Wissen bezeichnet die Gesamtheit der Kenntnisse und Fähigkeiten, die Individuen zur Lösung von Problemen einsetzen. Dabei stützt sich Wissen auf Daten und Informationen. Der Unterschied von Wissen gegenüber Daten und Informationen ist, dass Wissen immer an Personen gebunden ist. [2] Wissen wird von Individuen/Personen konstruiert, und ist subjektiv, kontext-abhängig und Handlungsbezogen. [3]

1.1.2 Begriffsdefinition von Wissensmanagement

Wissensmanagement bedeutet das wissensbasierte Management, und nicht das Management von Wissen. [4] Kernpunkt des Wissensmanagements ist die Verbesserung der organisatorischen Fähigkeiten auf allen Ebenen der Organisation durch besseren Umgang mit der Ressource „Wissen". Wissensmanagement versucht Mitarbeitern und Führungskräften Ansatzpunkte für die gezielte Intervention und Entscheidungsfindung zu geben. Dazu stellt das Wissensmanagement Konzepte und Methoden zur Verfügung. [5] In der Literatur gibt es verschiedene Modelle zur Erklärung und Beschreibung von Wissensmanagement, z.B. das Modell nach Nonaka/Takeuchi (1995),

---

[2] Vgl. Internet (1)
[3] Vgl. Romhardt et al. (2003) S.4ff
[4] Vgl. Internet (1)
[5] Vgl Probst (2000)

Spek/Spijkervet (1996), Schnüppel (1996) und Andersen (1996). Allerdings wird keines dieser Modelle als das „richtige" beschrieben und daher wird im folgendem auch nicht näher auf die einzelnen Modelle eingegangen.[6]

1.1.3 Bausteine des Wissensmanagement

Aussagekräftiger als die einzelnen Modelle des Wissensmanagements, sind sie sog. „Bausteine des Wissensmanagements", wie sie von Probst/Raub/Romhardt (1997) beschrieben werden. Die Bausteine des Wissensmanagements verdeutlichen die einzelnen Aufgaben des Wissensmanagements. Die folgende Abbildung beschreibt den Zusammenhang der einzelnen Bausteine.[7]

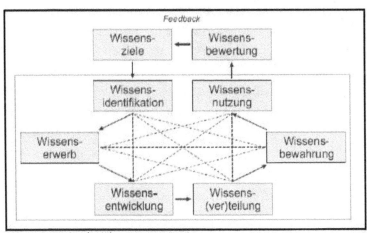

Abb. 1: Bausteine des Wissensmanagements

Die Bausteine des Wissensmanagements lassen sich zu zwei Kreisläufen zusammenfassen, wobei sich der äußere Kreislauf auf die Vorgaben innerhalb eines Unternehmens bezieht.

---

[6] ebd.
[7] Vgl. Gronau (2003), S. 5 ff.

Der innere Kreislauf beschreibt die Umsetzung des Wissensmanagements innerhalb eines Unternehmens.[8]

Nur eine globale Implementierung dieser acht Bausteine führt zum Erfolg von Wissensmanagement, viele Wissensprobleme entstehen schon, wenn eine Organisation einem Baustein nicht genug Betrachtung schenkt und somit den Wissenskreislauf stört.[9]

1.2 Einführung in das Thema „Web 2.0

1.2.1 Begriffsdefinition von Web 2.0

Web 2.0 ist eine Definition von Tim O'Reilly. Tim O'Reilly leitet unter anderem einen Verlag für Computer Bücher und hat gegen Ende des Jahres 2001, nachdem die große Internet-Blase geplatzt war, den Namen Web 2.0 ins Leben gerufen. Web 2.0 steht für den zweiten unbemerkten Boom des Internets. Das Zerplatzen der „Dot-Com-Blase" stellte einen Wendepunkt für das World Wide Web dar. Es überlebten nur Firmen, die wirklich etwas zu bieten hatten. O'Reilly bemerkte, dass das Netz nicht zusammengebrochen war, sondern wichtiger ist als jemals zuvor. Immer neue interessante Anwendungsmöglichkeiten und Begriffe, wie z.B. Social bookmarking, RSS, Wikis, Blogs, usw. tauchten auf, die zusammen für eine neue Generation Internet und für Web 2.0 stehen.[10]

---

[8] ebd.
[9] ebd.
[10] Vgl. Internet (2)

1.2.2 Unterscheidungen zu Web 1.0

Wie in Kapitel 1.2.1 beschrieben, ist Web 2.0 eine Bezeichnung für die World Wide Web Anwendungen nach der „Dot-Com-Blase". Die folgende Abbildung zeigt eine Übersicht über die Veränderungen der Internet Technologien/Anwendungen von Web 1.0[11] zu Web 2.0.[12]

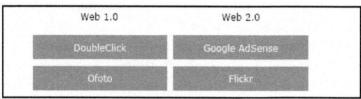

Abb. 2: Vergleich Web 1.0 und Web 2.0

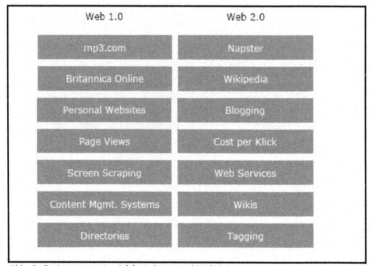

Abb. 3: Fortsetzung: Vergleich Web 1.0 und Web 2.0

---

[11] Web 1.0 steht für die Zeit der Internet Technologien und Anwendungen bevor Web 2.0
[12] Vgl. Internet (2)

Die Liste ließe sich fast beliebig fortsetzen. Allgemein gesagt, handelt es sich bei den meisten Anwendungen von Web 2.0, um eine bessere und stärkere Einbindung des Endbenutzers gegenüber Web 1.0. Im Folgenden werden die einzelnen Begriffe und Unterschiede kurz erläutert.

DoubleClick vs. Google AdSense

DoubleClick ist ein Unternehmen, welches 1996 damit begann Online Marketing Anzeigen zu vermarkten. Jeder Besitzer einer Webseite hatte somit die Möglichkeit, Werbeanzeigen von der Firma DoubleClick auf seiner Webseite statisch zu implementieren. Die Besitzer der Webseiten bekamen dann eine Bezahlung für jeden User der auf diese Werbeanzeigen klickte.[13]

Google AdSense hingegen durchsucht den Inhalt der Webseiten automatisch und stellt Anzeigen bereit, die für die Zielgruppe und den Inhalt der Webseite relevant sind. Die Anzeigen sind so gut auf den Inhalt der Webseite abgestimmt, dass die Besucher sie als nützlich empfinden.[14]

Der Unterschied zwischen dem Synoym DoubleClick und Google AdSense ist, dass Google AdSense die Werbebotschaft dynamisch zum Inhalt der Webseite aussucht.

Ofoto vs. Flickr

Ofoto ist ein Unternehmen, welches 1999 in den USA gegründet worden ist. Als Service bot Ofoto, das User ihre Fotos online stellen konnten, um sie mit anderen Usern zu teilen.[15]

---

[13] Vgl. Internet (3)
[14] Vgl. Internet (4)
[15] Vgl. Internet (5)

Flickr ist ebenfalls ein US. Unternehmen, welches ihren Kunden einen erweiterten Service von Ofoto bietet. Im Gegensatz zu Ofoto, wo die Fotos statisch in einem Bereich zu jedem User abgespeichert worden sind, kann man bei Flickr dynamisch Fotos zu bestimmten Suchkriterien innerhalb aller User finden.[16]

mp3.com vs. Napster

mp3.com war ursprünglich eine Webseite, die es Usern erlaubte private Musikstücke online zu speichern. Somit konnte jeder User, ortsungebunden über das Internet auf seine Musikstücke zugreifen.[17] Napster bot danach (mittlerweile kommerzialisiert) den Service, dass der User nicht nur seine Musikstücke online speichern kann, sondern auch über ein Filesharing System Musikstücke mit jedem beliebigen User tauschen kann.[18]

Britannica Online vs. Wikipedia

Britannica Online ist die online Version der berühmten und umfangreichen Lexika Enzyklopädie von Britannica. Auf die Webseite findet man ca. 75.000 Artikel. Alle diese Artikel stammen von Experten, und können auf der Internetseite gegen Gebühren abgerufen werden.[19]

Im Gegensatz zu Britannica Online, wo lediglich statische Informationen bereitgestellt werden, ist Wikipedia eine internetbasierte freie Enzyklopädie. Mit Hilfe von Gemeinschaftsarbeit, stellt Wikipedia die Basis für eine Internet Enzyklopädie, die mit Hilfe des Wissens von allen Usern aufgebaut und erweitert wird.

---

[16] Vgl. Internet (6)
[17] Vgl. Internet (7)
[18] Vgl. Internet (8)
[19] Vgl. Internet (9)

Jeder User hat die Möglichkeit sein Wissen zu den einzelnen Artikeln/Bereichen in der Wikipedia zu veröffentlichen.[20]

Personal Websites vs. Blogging

Persönliche Webseiten geben jedem Internet User die Möglichkeit, sich selbst oder persönliche Informationen auf einer Webseite allen Internet Usern zur Verfügung zu stellen.

Blogging bezeichnet die Tätigkeit, Blogs (Weblogs) im Internet zu veröffentlichen. In diesen Blogs werden vor allem Surfaktivitäten, Alltagsaktivitäten, usw. angesprochen, die den jeweiligen Internet-Online-Tagebuch-Führer beschäftigen. Im Gegensatz zu persönlichen Webseiten, können Blogs erstellt werden können, ohne das man HTML-Kenntnisse besitzt. Somit kann theoretisch jede Einzelperson auf schnelle, einfache Weise sein eigener Redakteur sein und Inhalte auf einer eigenen Website oder professionellen Blogging Webseite publizieren.[21]

Page Views vs. Cost per Klick

Page Views (oder auch Page-Impressions) geben an, wie oft eine Webseite besucht wird und wie viele weiterführende Seiten des Web-Angebots aufgerufen wurden. Page Views helfen Weibseitenbetreibern die Popularität und Wirkungsweise einer Webseite und dessen Marketing Aktivitäten zu messen.[22]

Der weitergehende Vorteil von Cost per Klick gegeübüer Page Views ist, dass der Webseitenbetreiber genau nachverfolgen kann, über welche Banner oder Links der User zu seiner Webseite gefunden hat.

---

[20] Vgl. Internet (10)
[21] Vgl. Internet (11)
[22] Vgl. Internet (12)

Dies hat den Vorteil das Webseitenbenutzer ihre Marketingaktivitäten dadurch wesentlich besser steuern und optimieren können.[23]

Screen Scraping vs. Web Services

Screen Scraping ist eine statische Analyse von Webseiteninhalten, wo mittels Programmcode, HTML Webseiten auf den Inhalt der Webseite durchsucht werden können. Diese Technologie wurde früher von Internetsuchmaschinen benutzt, um Information über Inhalte von Webseiten zu bekommen.[24]

Web Services sind Software-Anwendungen, die mit einem Uniform Resource Identifier (URI) eindeutig identifizierbar sind. Somit können Internetsuchmaschinen und andere Webseiten Betreiber einfacher und standardisierter auf Inhalte und Informationen von Webseiten zugreifen.[25]

Content Management Systems vs. Wikis

Content Management Systems (CMS) (in Dt.: Inhalte Verwaltungs System) sind Softwaresysteme mit denen man einfach Webseiten generieren kann. Wesentliches Merkmal ist, dass die Pflege und Wartung der Webseiten online und ohne Kenntnisse von HTML Programmierung gewährleistet ist.[26]

Wikis (der hawaiianische Ausdruck "wiki" bedeutet schnell) steht als Synonym für Softwaresysteme, die es ermöglichen, ähnlich wie CMS, Inhalte im Internet zu veröffentlichen. Im Gegensatz zu CMS, ist bei Wikis die Offenheit das besondere, somit ist es bei jedem User bei

---

[23] Vgl. Internet (13)
[24] Vgl. Internet (14)
[25] Vgl. Internet (15)
[26] Vgl. Internet (16)

Wikis möglich, neue Inhalte zu schreiben oder alte Inhalte zu ändern.[27]

Directories vs. Tagging

Directories war das klassische Ablagesystgeme für Dokumente und Dateien. In hierarisch aufgebauten Ordnerstrukturen wurden statisch Dokumente und Dateien in den passenden Kategorien gespeichert.

Tags sind Schlagworte mit dem man Dokumente und Dateien bezeichnet ("etikettiert"). Ziel ist dadurch im Gegensatz zur starren Kategorien- oder Ordnerstruktur bei Directories, Dokumente und Dateien dynamischer und einfacher zu kategorisieren. Beim Tagging werden jedem Dokument oder jeder Datei beschimmte Tags zugeordnet, worüber man sie später wiederfinden kann.[28]

Wie man in den gesamten Unterscheidungen/Schlagworten zwischen Web 1.0 und Web 2.0 sehen kann, ist die durch den User generierte Dynamik, die Weiterentwicklung von Web 2.0 gegenüber Web 1.0.

---

[27] Vgl. Internet (17)
[28] Vgl. Internet (18)

2. Beispiele von Wissensmanagement und Web 2.0 im Internet

Im letzten Kapitel wurden die Grundlagen zu Wissensmanagement und Web 2.0 erläutert. Im Internet, die wohl mittlerweile größte Quelle für Wissen, gibt es dutzende Anwendungen oder Dienste, die eine Basis des Wissensmanagement darstellen. Die folgende Auflistung zeigt die bekanntesten Systeme, die als Grundlage für das Wissensmanagement im Internet dienen.[29]

- Contentmanagementsysteme
- Kollaborationsplattformen
- Lernmanagementsysteme
- Wikis

- Weblogs
- Semantische Netze
- (Experten-)Foren
- Kontaktmanagementsysteme

Allerdings besitzen nicht alle diese Systeme eine Grundlage von Web 2.0 Technologien. In den folgenden Abschnitten werden die zwei bekanntesten Wissensmanagement Systeme aus dem Internet, Weblogs und Wikipedia näher erläutert, die auf einer klassischen Web 2.0 Technologie aufbauen.

2.1 Weblogs

Im folgenden Abschnitt werden so genannte Weblogs (Blogs) näher beschrieben. Zunächst wird die allgemeine Funktionsweise

---

[29] Vgl. Internet (19)

beschrieben, und danach der Zusammenhang zwischen Blogs und Wissensmanagement.

Als Beispiel wird das Blogging Portal „blogger.com" gewählt. Blogger.com ist eines der ältesten und bekanntesten Blogging Portale im Internet. Es wurde 1999 in den USA gegründet und 2002 von der Fa. Google übernommen.[30]

Blogger.com bietet einen Service, bedienerfreundliche Webseiten zu erstellen, auf denen man schnell seine Ideen, Informationen und mehr veröffentlichen, und sich mit anderen austauschen kann.[31]

Die folgende Abbildung zeigt einen Blog mit dem Namen „APQC's Knowledgement Management Blog".

Abb. 4: Beispiel eines Weblogs

Dieser Blog geleitet von Jim Lee beschäftigt sich mit allem rund um das Thema Wissensmanagement. Hier werden fast täglich aktuelle Berichte zum Thema Wissensmanagement veröffentlicht und jeder User hat die Möglichkeit seine Kommentare dazu abzugeben. Des

---

[30] Vgl. Internet (20)
[31] ebd.

Weiteren werden interessante Links zum Thema Wissensmanagement in dem Blog angeboten. Jeder User hat die Möglichkeit, über Stichworte in alten Artikeln zum Thema Wissensmanagement zu suchen.[32]

Nun könnte man sagen, dass ein Blog das Gleiche wie eine persönliche Webseite darstellt. Wie angesprochen, sind Blogs ähnlich wie Webseiten aufgebaut, allerdings haben Blogs den wesentlichen Vorteil, dass sie von jedem Internet User und ohne HTML Erfahrung eröffnet und betrieben werden können. So gibt das Blogger Portal „blogger.com" an, dass man einen Blog innerhalb von 5 Minuten eröffnen kann. Dadurch bietet sich natürlich die Möglichkeit, dass wesentlich mehr Menschen ihr Wissen in Blogs veröffentlichen können, und das bietet dem Wissensmanagement eine größere Grundlage. Des Weiteren sind Blogs nicht nur wirksame Tools um sein eigenes Wissen oder Erfahrungen zu verbreiten, sondern auch ein interessantes Tool zur internen Kommunikation und zum Wissensmanagement innerhalb von Unternehmen. Während spezifisch entwickelte Software für das interne Wissensmanagement in Unternehmen oft sehr teuer und bürokratisch ist, helfen Blogs effizient das Wissensmanagement zu fördern. Deshalb stellt die Fa. Siemens seit kurzer Zeit im Bereich Wissensmanagement auch Blogs zur Verfügung.[33]

---

[32] Vgl. Internet (22)
[33] Vgl Internet (22)

2.2   Wikipedia

Wikipedia ist eine Online-Enzyklopädie (Dt. Vers.: de.wikipedia.org), auf Basis eines Wiki Softwaresystems (siehe Kap. 1.2.2), wo jeder Internetnutzer die Möglichkeit hat, direkt im Browser Artikel zu verfassen oder abzuändern.[34]

Wikipedia zählt weltweit etwa 285.000 angemeldete Nutzer, welche auf freiwilliger Basis Artikel zu diesem Projekt beitragen. Nach neuestem Stand enthält die Enzyklopädie ca. 7.2 Mio Artikel in 251 Sprachen.[35]

Bei Wikipedia existiert keine Redaktion im herkömmlichen Sinne, die Autorengemeinschaft steht im Zentrum und organisiert, kontrolliert und korrigiert sich selbst. In Diskussionsforen wird darüber diskutiert, was in eine Enzyklopädie gehört und was nicht, was man verbessern kann und wo man noch etwas ändern könnte. Die Qualität eines Artikels hängt somit am Engagement der User. Findet ein Nutzer einen Artikel unangebracht oder nicht dem Thema gerecht werdend, kann er einen Löschantrag stellen, welcher dann von den Nutzern diskutiert wird. Die Initiatoren von Wikipedia haben nur wenige Richtlinien aufgestellt, um dem User den größtmöglichen Einfluss zu geben die Wikipedia weiterzuentwickeln.[36]

Praktisch gesehen, ist das Bearbeiten oder Ändern von Artikeln ganz einfach. Auf jeder Seite, des von Wikipedia angezeigten Artikels, gibt es ein Bearbeiten-Link. Dieser Bearbeiten-Link öffnet ein editierbares Formularfeld, welches dem Nutzer die Möglichkeit gibt den Artikel direkt im eigenen Browser zu editieren.[37]

---

[34] Vgl Internet (23)
[35] Vgl Internet (24)
[36] ebd.
[37] Vgl Internet (24)

Um den Missbrauch dieser freizugänglichen Änderungs- und Mitgestaltungsmethode zu verkleinern, bietet die Wikipedia ein Änderungsprotokoll an. Das Änderungsprotokoll zeichnet alle Änderungen mit Datum und Username auf. Somit ist nachzuvollziehen, wie ein Artikel geändert wurde und wer ihn geändert hat.[38]

Durch dieses System kann Wikipedia das Wissen von allen Usern einbeziehen, und stellt mittlerweile das größte Wissensportal im Internet dar.[39]

---

[38] ebd.
[39] ebd.

3. Zukunftsperspektiven bei Wissensmanagement und Web 2.0

Wissensmanagement gibt es nicht erst seit dem es Web 2.0 gibt, aber wirklich praktikable Konzepte hat es in der Vergangenheit noch nicht gegeben um Wissensmanagement zu etablieren. Stattdessen hat man in Unternehmen die Mitarbeiter lediglich dazu aufgefordert, ihr Wissen in Datenbanken einzugeben und zu dokumentieren. Tatsächlich war aber niemand wirklich daran interessiert das Wissen auch abzurufen und somit Wissensmanagement zu betreiben, und deshalb ist es auch fast überall gescheitert. [40]

3.1 Potenziale bei Wissensmanagement und Web 2.0

Web 2.0 gibt jetzt eine neue Richtung vor, und zwar die Möglichkeit zur Ausnutzung der kollektiven Intelligenz. Somit soll das enorme Wissen, das im Internet die User und in den Unternehmen die Mitarbeiter besitzen, mit Web 2.0 Technologien systematischer und schneller als bisher genutzt werden können.

Ob Web 2.0 das Wissensmanagement revolutionieren wird ist abzuwarten, allerdings ist eines sicher, Web 2.0 wird helfen handhabbare Tools zur Verfügung zu stellen, die helfen die Kommunikation zu fördern und somit das Wissensmanagement verbessern. [41]

Zwei interessante Technologien, die durch Web 2.0 hervorgekommen sind, sind Blogs und Wikis.

---

[40] Vgl. Internet (25)
[41] Groß et al. (2005) S. 50ff

Blogs werden heutzutage vor allem zum veröffentlichen von Informationen im Internet genutzt. Es gibt verschiedene Arten von Blogs, private Blogs dienen dem veröffentlichen privater Informationen, und werden meist als Online-Tagebuch geführt, die weitere Interessante Möglichkeit sind thematische Blogs, wie z.b. juristische Blogs, journalistische Blogs, politische Blogs, geschäftliche Blogs, usw..[42]

Zukünftig könnten Blogs eine gute Möglichkeit für Unternehmen bieten, anstelle von teueren Content-Management-Systemen eingesetzt zu werden. Blogs könnten dann über das Firmenintranet als Informations-, Wissen- oder Kommunikationstool benutzt werden.[43] Generell verfolgen beide Technologien (Blogs und Wikis) das gleiche Ziel, nämlich die dynamische Einbeziehung des Users. Daher eigenen sich beide Technologien zu den zuvor beschriebenen Einsatzmöglichkeiten. Während Blogs dem User die Möglichkeit des „Kommentieren" geben, steht bei der Wiki Technologie die Möglichkeit des „Editieren" für den User im Vordergrund.[44]

3.2 Hindernisse bei Wissensmanagement und Web 2.0

Durch die Einführung von Web 2.0 Technologien, was allgemein die dynamische Einbeziehung des Users bedeutet, entstehen auch neue Probleme. Da nun jeder User in der Lage ist, Inhalte zu veröffentlichen oder zu ändern, steigt auch die Manipulation von Informationen. Die zwei größten Problemfelder dabei sind, das Verbreiten von „Spam"-

---

[42] Groß et al. (2005) S. 50ff
[43] ebd.
[44] ebd.

Informationen und das gezielte Manipulieren von Informationen in Blogs oder Wikis. Durch das gezielte Manipulieren von Informationen, versuchen User z.B. ihre eigene Person oder Produkte einer Unternehmung besser zu vermarkten.[45]

So versuchten fleißige Helfer, die Biographien ihrer Abgeordneten in den USA, gezielt in der englischen Wikipedia zu verschönern, und die der politischen Gegner zu diffamieren. Mit dem Ziel die Geschichte umzuschreiben oder ein besseres Ergebnis bei den Kongresswahlen zu erreichen.[46]

---

[45] Vgl. Internet (26)
[46] Vgl. Internet (27)

4. Fazit und Zusammenfassung

Das Ziel der vorliegenden Seminararbeit war, einen Einblick in das Thema Wissensmanagement in Verbindung mit Web 2.0 Technologien zu geben. Durch die Komplexität von Wissensmanagement und Web 2.0 im Einzelnen, ist es nur schwer möglich das Thema auf den Umfang dieser Seminararbeit zu begrenzen. Daher liegt der Fokus zunächst in der theoretischen Grundlagenbeschreibung von Wissensmanagement und Web 2.0. In diesem Bereich wird auch auf die Unterschiede zwischen Web 1.0 und Web 2.0 eingegangen. Der Kern dieser Arbeit sind Beispiele und Beschreibungen, wie Wissensmanagement im Zusammenhang mit Web 2.0 betrieben werden kann. Kapitel 2 zeigt Beispiele von Wissensmanagement mit Web 2.0 Technologien im Internet.

Um auf die Potenziale und Hindernisse einzugehen, die Web 2.0 Technologien dem Wissensmanagement bieten (siehe Kap. 3), hat Web 2.0 einen enormen Impuls auf das Wissensmanagement gegeben. Denn durch die Technologien, die durch Web 2.0 hervorgekommen sind, ist das Wissensmanagement im Internet dynamischer geworden und stellt somit eine wesentlich verbesserte Grundlage dar um Wissen zu verteilen.

Allerdings muss man berücksichtigen, dass es durch Web 2.0 durchaus einfacher geworden ist, Wissen zu manipulieren und Irrwissen zu verbreiten.

Literaturverzeichnis

Gronau (2003)   Anwendungen und Systeme für das
                     Wissensmanagement, Gito Verlag, Berlin

Groß et al. (2005)   Weblogs und Wikis (Teil 2): Potenzial für
                          betriebliche Anwendungen und E-
Learning
                     in Wissensmanagement 01/2005 S. 50 ff.

Internet (1)   http://www.intranet.bosch.de/wissen/
                     WM_ressourcen_1x1.htm   (20.04.2007)

Internet (2)   http://twozero.uni-   koeln.de/content
                     /e14/e68/index_ger.html (25.04.2007)

Internet (3)   www.doubleclick.com/de (15.05.2005)

Internet (4)   https://www.google.com/adsense
                     /login/de/?hl=de&sourceid=aso&subid=ww-de-
                     et-ads&medium=link&gsessionid
                     =1m11Z7NpAUY (15.05.2007)

Internet (5)   http://en.wikipedia.org/wiki/Ofoto
(15.05.2007)

Internet (6)   http://www.flickr.com (15.05.2007)

Internet (7)   http://www.tecchannel.de/news/themen/
                      business/404283/ (15.05.2007)

Internet (8)   en.wikipedia.org/wiki/Napster (15.05.2007)

Internet (9)   de.wikipedia.org/wiki/Encyclopædia_Britannica
                      (15.05.2007)

Internet (10)   de.wikipedia.org (15.05.2007)

Internet (11)   http://www.contentmanager.de/magazin/
                      artikel_333_blogging.html (15.05.2007)

Internet (12)   http://www.at-mix.de/pageviews.htm
                      (15.05.2007)

Internet (13)   https://adwords.google.de/support
                      /bin/answer.py?answer=6297&topic=29 - 17k
                      (15.05.2007)

Internet (14)   http://www.it-visions.de/glossar/alle/357/
                      Screen%20Scraping.aspx (15.05.2007)

Internet (15)   http://de.wikipedia.org/wiki/Web_Service
                      (15.05.2007)

Internet (16)   http://www.meine-erste-
homepage.com/cms.php

(15.05.2007)

Internet (17) http://www.e-teaching.org/technik
/kommunikation/wikis (15.05.2007)

Internet (18) http://www.webmart.de/html/tags.htm
(15.05.2007)

Internet (19) http://www.berlinwilleswissen.de/
e397/e885/index_ger.html (28.04.2007)

Internet (20) http://www.blogger.com (05.05.2007)

Internet (21) http://apqckm.blogspot.com/search?q
(06.05.2007)

Internet (22)
http://orakelblog.ambranet.de/index.php/2005-
129/wissensmanagement-mit-
corporate-blogs (09.05.2007)

Internet (23) http:// www.mewi.unibas.ch/netzwissen/wp-
content/uploads/2007/05/
handout-wikipedia1.pdf (09.05.2007)

Internet (24) http://de.wikipedia.org (11.05.2007)

Internet (25) http://www.zdnet.de/itmanager/strategie
/0,39023331,39148713,00.htm (22.05.2007)

Internet (25) http://www.heise.de/tp/r4/artikel/22/22648/1.html

(23.05.2007)

Internet (27)   http://www.nachdenkseiten.de/cms/

front_content.php?client=1&lang

=1&idcat=9&idart=1408 (25.05.2007)

Probst (2000)   Bausteine des Wissensmanagements –

Ein praxisorientierter Ansatz, Genf 2006

Romhardt et al. (2003)   Wissen Managen, Gabler Verlag